Meine KOCH KISTE

Ceres Verlag
Rudolf August Oetker KG.
Bielefeld

Meine KOCHKISTE

Gerda Aurich Max Inzinger

*Ein Biber, pfiffig und gewitzt –
man sieht's und ist gespannt –
umgeben von Gebäck an jener Kiste sitzt,
nach der dies Buch benannt.*

Projektleitung
Werner J. Tiltz

Grafik-Design/Illustration/ „Biber"-Texte
Braun-Design H.-J. Braun
Werther
Daumen-Kino:
Diane Bartling
Werther

Fotos
Studio Schudde
Düsseldorf

Satz
Frommeyer GmbH + Co. KG
Osnabrück

Gesamtherstellung
E. Gundlach KG
Bielefeld

1. Auflage

Printed in Germany
ISBN-3-7670-0121-7

Weil alles hier so lecker-knusprig-braun,
will er sogleich den Teig ausrollen.
Man staunt und glaubt es kaum,
daß dies ihm wird gelingen wollen.

Hallo!

Hallo, ich bin eines der neuen Kochkisten-Bücher, die für Kinder gemacht sind. Na schön, für junge Jugendliche, etwa zwischen sieben und vierzehn.

Wenn Ihr mich in die Hand nehmt, Ihr Mädchen und Jungen: Lest sorgfältig. Schreibt Euch die erforderlichen Zutaten auf einen Einkaufszettel. Vergleicht beim Einkaufen die Preise der einzelnen Waren (in einer Großstadt wie z. B. München oder Hamburg kann man allein durch preisbewußtes Einkaufen 20% Haushaltskosten sparen!). Legt Euch, wenn's die Eltern erlaubt haben, Küchengeräte, Zutaten, Gewürze und alles, was Ihr für das Rezept braucht, bereit. Laßt nichts anbrennen und wascht, wenn Ihr fertig seid, alles ab. Und seid nicht sauer, wenn die Mutter oder der kochkundige Vater in der ersten Zeit ab und zu einen forschend ängstlichen Blick in die Küche tun, wenn Ihr am Werk seid. Aber Ihr werdet sie schon überzeugen, daß Ihr aufpaßt und daß Ihr vor allem längst keine „kleinen" Kinder mehr seid. Und dann habt Ihr gewonnen und könnt kochen nach Herzenslust - für Euch, für Eure kleinen Gäste und natürlich für Eure Eltern!

Die „Eltern" dieser Kinder-Kochkiste sind . . .

. . . Max Inzinger

- den kennt Ihr sicher vom Fernsehen her, wo er Euren Müttern und auch manchen Vätern bereits seit ein paar Jahren viele leckere Speisen vorkocht. Er ist selbst schon als kleiner Junge am Küchenherd gestanden und hat mit großer Begeisterung gebraten und gebrutzelt. Aber das Kochen hat er auch richtig als Lehrberuf erlernt, vor allem bei dem berühmten Hans Jochims vom Uhlenhorster Fährhaus in Hamburg. Er ist dann selbst Geselle und Meister geworden und dadurch um die halbe Welt gekommen. Dort hat er viele Gerichte und Kniffe kennengelernt. Die hat er aber nicht nur in Büchern und Illustrierten und Fernsehsendungen erzählt, sondern vor allem auch seinen beiden Töchtern weitergegeben, Christina (9) und Katrin (5), die jetzt beide zu Hause im oberbayerischen Ruhpolding schon fest den Kochlöffel schwingen. Aus dieser Erfahrung ist auch dieses Buch entstanden - die Kochschule vom Fernsehkoch.

*. . . **Gerda Aurich***

- sie hat all das, was in diesem Buch steht, mit großer Unterstützung ihrer 7jährigen Tochter Julia vorgekocht, ausprobiert und für Euch ganz genau aufgeschrieben.

Und damit Ihr wißt, wer Gerda Aurich ist, stellen wir sie Euch hier kurz vor: Nach einem Hauswirtschaftspraktikum hat sie in einer großen Versuchsküche eines Nahrungsmittelunternehmens viele Rezepte entwickelt und nachgekocht. Später arbeitete sie dann in München bei einer großen Frauenzeitschrift und hat dort eine Menge über Essen und Trinken geschrieben. Seit ein paar Jahren hat sie in Bubenreuth bei Erlangen eine eigene Musterküche aufgemacht: zum Experimentieren, zum Probieren und Fotografieren.

„Wer will guten Kuchen backen, der muß haben . . .“ Nun, mit den berühmten „sieben Sachen“ aus dem Kinderreim ist es heute auch in unserer Kochkiste längst nicht mehr getan. Wir können es erstens besser, zweitens geht es leichter, und drittens könnten wir uns mindestens den teuren Safran („. . . macht den Kuchen gehl“) gar nicht leisten. Backen: das ist der Küche spannendster Teil. Weil man bis zum Schluß nie ganz genau weiß, wie es wird. Aber keine Angst: wir schaffen es schon.

Backen ist eine richtige Kunst, die selbst den Hausfrauen nicht einfach irgendwann einmal zugeflogen ist. Es hat Jahrtausende gebraucht, bis man gemerkt hat, daß ein Teig „aufgehen“ kann. Bis dahin konnte man aus Korn und Mehl immer nur harte Fladen und luftgetrocknete Nudeln machen. Brot und Kuchen gibt es erst, seit findige Leute den Trick mit dem Sauerteig und der Hefe entdeckten, also schon während unserer Zeitrechnung. Und das Backpulver ist überhaupt erst gute hundert Jahre alt (ein Apotheker aus Bielefeld dachte es sich aus). Dieses „Aufgehen“ ist nichts anderes als ein Gärungsvorgang, der unter Hitzeeinwirkung im Teig stattfindet. Von dieser Gärung rühren die Luftbläschen in allen Backwaren her (und damit wißt Ihr auch, ganz nebenbei, woher die Löcher im Käse stammen: der gärt nämlich auch, wenn er reift, und die Geschichte von den Leuten mit dem „Käsebohrer“ ist natürlich nur ein Scherz). Seht Ihr, was man in der Küche für Entdeckungen machen kann? Okay, so lernt man mit Spaß.

Viel mehr Worte brauchen wir nun über das Backen nicht verlieren, weil Ihr ja fast alle gern süße Sachen mögt. Und was das Schöne ist: Ihr dürft ja auch mehr Mehl- und Süßspeisen essen als die Großen, die immer um ihre „Figur" Angst haben. Und im Wachstum kann man sich auch viel öfter einmal wünschen als später: „Aber bitte mit Saaahne!" Natürlich sollt Ihr auch hier nicht übertreiben, aber so vernünftig seid Ihr (und sind die Rezepte) ja selbst.

Bevor der Start zum „Backe, backe Kuchen" freigegeben wird, achtet unbedingt noch auf folgendes:

Die angegebenen Zutaten genau nach Rezeptangabe abwiegen oder abmessen.

Die Backofentemperatur nach Angaben im Rezept einschalten. Einschiebhöhe im Backofen beachten, ist ebenfalls genau in den Rezepten angegeben.

Kuchenformen immer auf den Backrost, nicht auf das Backblech stellen.

Das Gebäck nach dem Backen mit einem Messer aus der Form oder vom Backblech lösen und auf einem Kuchenrost auskühlen lassen.

Aufpassen! Alle Kuchenformen und Backbleche, die aus dem Ofen kommen, sind heiß. Bitte mit Topflappen arbeiten!

Beim Backen immer eine Zeituhr einstellen, damit man das Gebäck zum richtigen Zeitpunkt aus dem Ofen holen kann.

Und seht –
das Holz hat es ihm angetan des Rollers –
so hat er schnell das Mehl vergessen abzumessen
Doch stört's ihn nicht, den klugen Wicht,
den Einfall findet er enorm,
daß ihm die Kerbe in der Walze
beschert 'ne neue Brötchenform.

Wer sucht, der finde

...ald sein SUPER-Rezept...

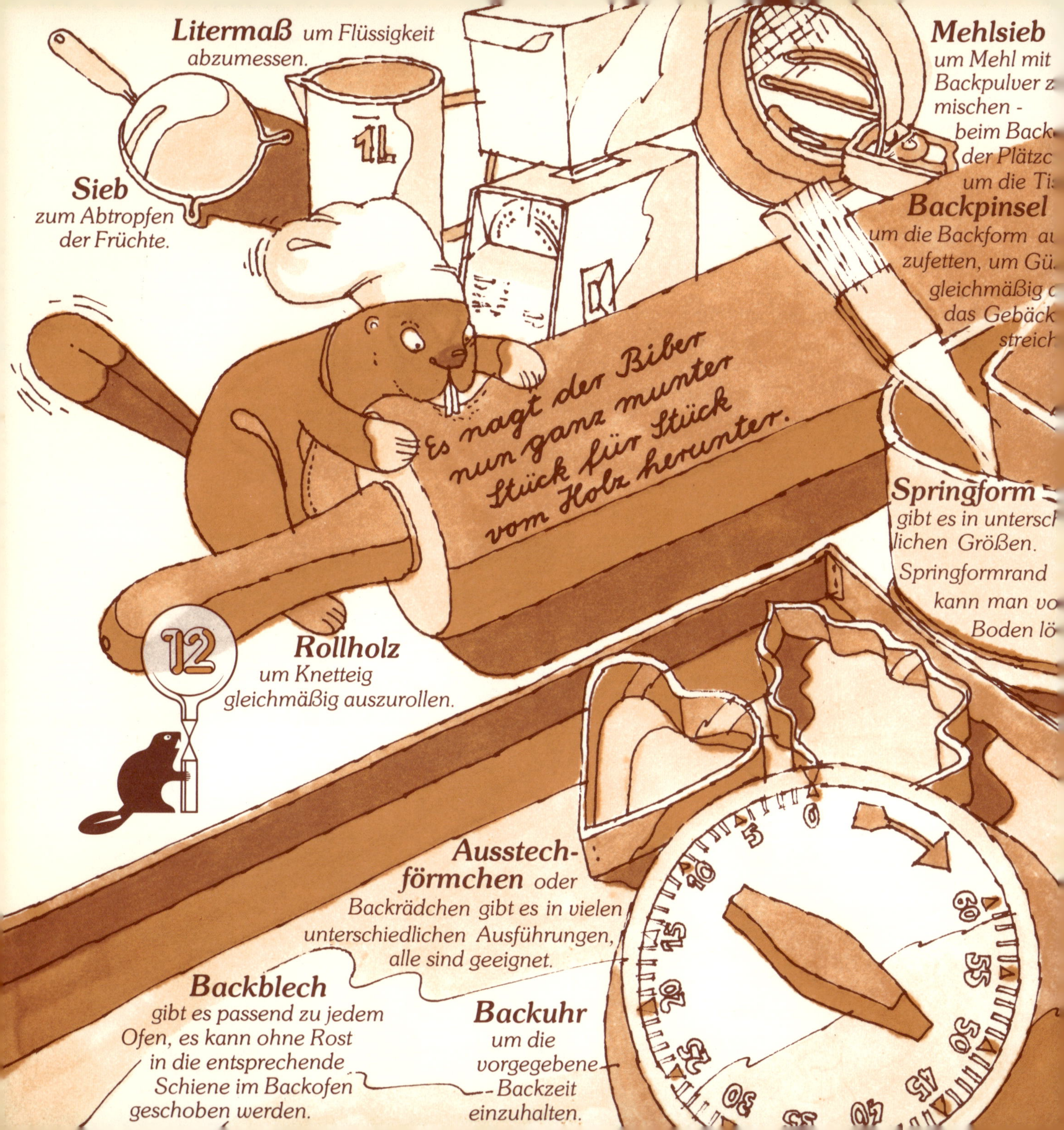
Litermaß um Flüssigkeit abzumessen.
Sieb zum Abtropfen der Früchte.
Mehlsieb um Mehl mit Backpulver z
mischen -
beim Back
der Plätzc
um die Ti
Backpinsel um die Backform au
zufetten, um Gü
gleichmäßig
das Gebäck
streich
Es nagt der Biber nun ganz munter Stück für Stück vom Holz herunter.
Springform gibt es in untersch
lichen Größen.
Springformrand
kann man vo
Boden lö
Rollholz um Knetteig gleichmäßig auszurollen.
12
Ausstech-förmchen oder Backrädchen gibt es in vielen unterschiedlichen Ausführungen, alle sind geeignet.
Backblech gibt es passend zu jedem Ofen, es kann ohne Rost in die entsprechende Schiene im Backofen geschoben werden.
Backuhr um die vorgegebene Backzeit einzuhalten.
1L
0
5
10
15
20
25
30
35
40
45
50
55
60

te und Teig
chmäßig
Mehl zu
äuben.

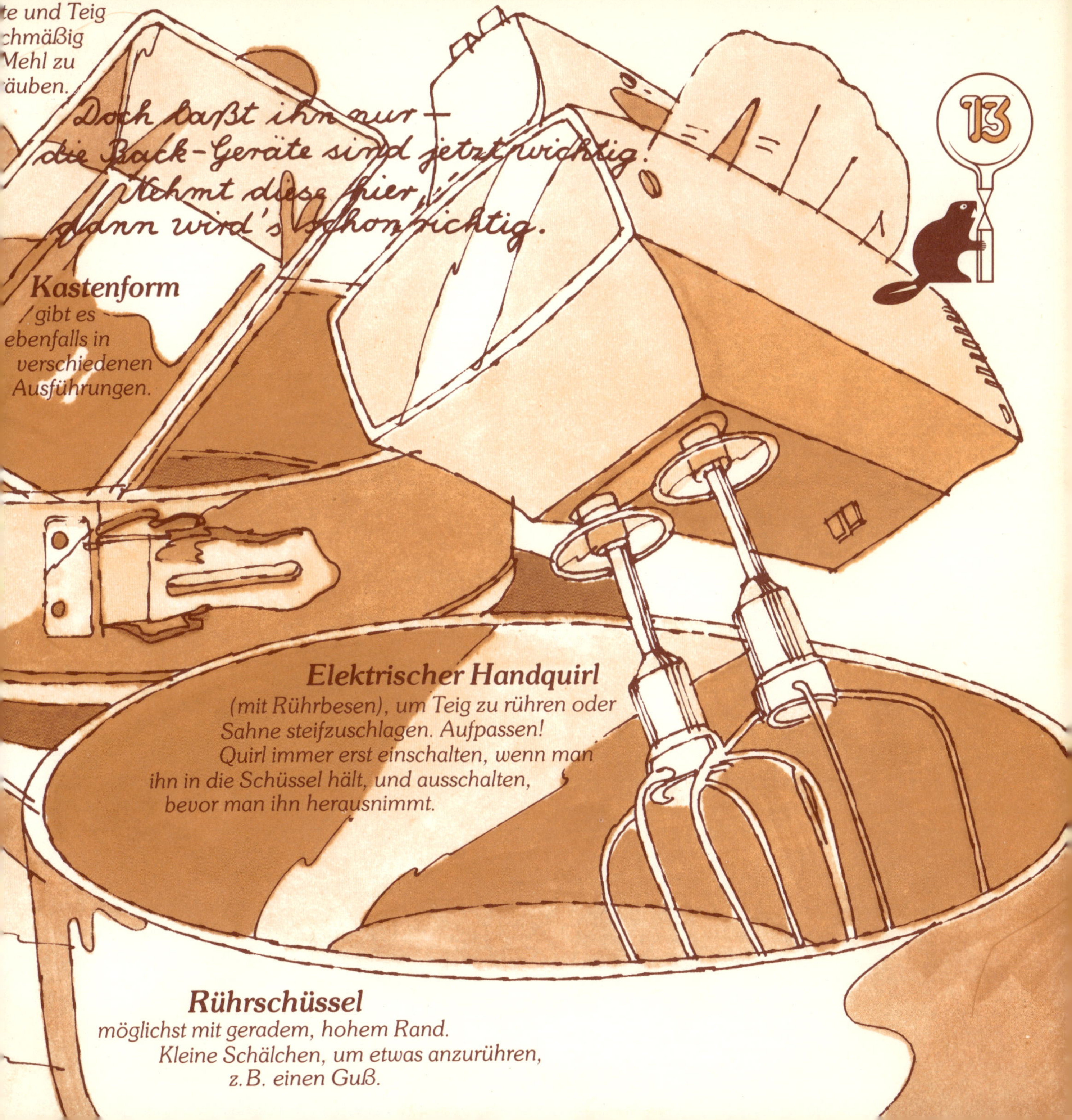

Doch laßt ihn nur —
die Back-Geräte sind jetzt wichtig!
Nehmt diese hier,
dann wird's schon richtig.

Kastenform
gibt es ebenfalls in verschiedenen Ausführungen.

Elektrischer Handquirl
(mit Rührbesen), um Teig zu rühren oder Sahne steifzuschlagen. Aufpassen! Quirl immer erst einschalten, wenn man ihn in die Schüssel hält, und ausschalten, bevor man ihn herausnimmt.

Rührschüssel
möglichst mit geradem, hohem Rand. Kleine Schälchen, um etwas anzurühren, z. B. einen Guß.

14

Prinzen-Schnitten

Das braucht man:

250 g Kokosfett
200 g Puderzucker
4 gestrichene Eßlöffel Kakao
2 Eier
etwa 20 eckige Butterkekse
Zuckerfiguren oder Smarties zum Verzieren

So macht man's:

1. *Kokosfett in einem Topf bei schwacher Hitze zerlassen und dann abkühlen lassen.*
2. *Puderzucker und Kakao mischen und mit den Eiern zu einer cremigen Masse verrühren.*
3. *Nun das abgekühlte Fett eßlöffelweise mit der Schokoladenmasse verrühren. Nicht zuviel Kokosfett auf einmal hinzufügen, sonst gerinnt die Masse.*
4. *Eine Kastenform von 25 cm Länge mit Pergamentpapier auslegen, den Boden ½ cm dick mit Schokoladenmasse bestreichen und darauf dicht nebeneinander die Kekse legen.*
5. *Wieder eine Lage Schokoladenmasse darüberstreichen, wieder mit Keksen belegen und das sooft wiederholen, bis der Vorrat aufgebraucht ist. Die oberste Schicht sollte eine Lage Kekse sein.*
6. *Die Form über Nacht in den Kühlschrank stellen, damit die Masse fest wird. Am nächsten Tag den Kuchen auf eine Platte stürzen, das Papier abziehen und verzieren.*

16

Gefüllter Sandkuchen

Das braucht man:

1 Paket backfertige Kuchenmischung Sandkuchen oder
1 fertig gekauften Sandkuchen
4 Eßlöffel Aprikosenkonfitüre
1 Glas Schokoladencreme (200 g)

Für die Glasur:

150 g Schokoladenkouvertüre

Zum Verzieren:

kandierte Früchte oder bunte Zuckerperlen

So macht man's:

1. Aus Kuchenmischung Sandkuchen genau nach Anweisung auf dem Paket einen Sandkuchen zubereiten und backen.
2. Fertig gekauften Sandkuchen oder gebackenen ausgekühlten Kuchen der Länge nach mit einem Zwirnsfaden zweimal durchtrennen.
3. Den unteren Boden dünn mit 2 Eßlöffel Konfitüre und der Hälfte der Schokoladencreme bestreichen.
4. Mittleren Boden darauflegen, ebenfalls mit 2 Eßlöffel Konfitüre und der restlichen Creme bestreichen. Oberen Boden auflegen und gut andrücken.
5. Schokoladenkouvertüre im Wasserbad bei schwacher Hitze erwärmen, verrühren und gleichmäßig über den Kuchen verteilen.
6. In den noch feuchten Guß kandierte Früchte legen oder den Kuchen mit bunten Perlen verzieren. Fest werden lassen.

20

Nußkuchen mit Eis

Das braucht man:

1 Packung Backmischung Mixi Nußkuchen
1 Ei
4 Eßlöffel Wasser
1 Haushaltspackung Vanille-Eiscreme
1 Flasche Schokoladensoße, fertig gekauft
1 Eßlöffel gehackte, geröstete Haselnüsse

So macht man's:

1. Den Teig nach Vorschrift aus der Packung mit Ei und Wasser zubereiten.
2. Auf der mittleren Schiene in den auf 175 Grad vorgeheizten Backofen schieben und 40 Minuten backen.
3. Glasur nach Anweisung auf dem Päckchen mit Wasser verrühren und über den etwas abgekühlten Kuchen geben.
4. Den vollkommen ausgekühlten Kuchen in 8 Stücke schneiden und auf Teller legen.
5. Eis aus der Verpackung lösen, in acht gleichmäßige Scheiben schneiden und jeweils auf ein Stück Kuchen legen.
6. Über jede Portion 2 Eßlöffel Schokoladensoße geben, mit Nüssen bestreuen und sofort servieren.

22

Pfirsichtörtchen

Das braucht man:

6-8 Pfirsichhälften aus der Dose
1 Rolle Teig-Taschen aus backfertigem Frischteig (6-8 Stück)

Zum Bestreichen:

1 Eßlöffel Aprikosenkonfitüre
1 Eßlöffel Zitronensaft

So macht man's:

1. *Pfirsiche auf einem Sieb abtropfen lassen. Backofen auf 200 Grad vorheizen.*
2. *Teigrolle an der markierten Linie auf die Tischkante schlagen. Dabei öffnet sich die Rolle.*
3. *Teig auseinanderrollen, in Quadrate trennen und auf ein Backblech legen.*
4. *Auf jedes Teigstück eine Pfirsichhälfte legen und die Teigecken etwas hochziehen.*
5. *Auf der mittleren Schiene in den Backofen schieben und 10-15 Minuten backen.*
6. *Aprikosenkonfitüre und Zitronensaft unter Rühren einmal aufkochen und die Pfirsichtörtchen sofort nach dem Backen damit bestreichen.*

24

Blätterteig-Teilchen

Das braucht man:

5 Scheiben backfertigen Blätterteig
aus der Tiefkühltruhe
etwa 4 Eßlöffel Erdbeer- oder Aprikosenkonfitüre
1 Eigelb
1 Eßlöffel Milch

Für den Guß:

3 Eßlöffel Puderzucker
Zitronensaft

So macht man's:

1. Blätterteigscheiben auseinanderlegen und etwa 20 Minuten bei Zimmertemperatur auftauen lassen. Jede Scheibe halbieren.
2. In die Mitte jedes Quadrates einen Klecks Konfitüre geben. Backofen auf 225 Grad vorheizen.
3. Jedes Teigstück an den vier Ecken so tief einschneiden, daß die gegenüberliegenden Spitzen so über die Konfitüre gelegt werden, daß eine Windmühle entsteht.
4. Teilchen auf ein mit kaltem Wasser abgespültes Backblech legen. Eigelb und Milch verquirlen und den Teig damit bestreichen.
5. Das Backblech auf die mittlere Schiene des Backofens schieben und das Gebäck 15-20 Minuten backen.
6. Puderzucker mit so viel Zitronensaft verrühren, daß ein dünner Guß entsteht. Das leicht abgekühlte Gebäck damit bestreichen.

26

Krümeltorte mit Apfelfüllung

in einer Springform mit 16 cm ∅

Das braucht man:

125 g Mehl
½ gestrichenen Teelöffel Backpulver
2 gehäufte Eßlöffel Zucker
1 Päckchen Vanillin-Zucker
65 g Butter

Für die Füllung:

375 g säuerliche Äpfel
2 Eßlöffel Zucker
3 Eßlöffel Wasser
etwas gemahlenen Zimt

So macht man's:

1. Mehl, Backpulver, Zucker und Vanillin-Zucker in eine Rührschüssel geben und mischen. Backofen auf 200 Grad vorheizen.
2. Butter (nicht zu weich) in Flöckchen dazugeben und alles mit den sauberen Fingern zu Streuseln zusammendrücken.
3. Die Hälfte der Streusel in die ausgefettete Springform geben, am Boden gut an-, am Rand etwas hochdrücken.
4. Auf die unterste Schiene im Backofen schieben und 15 Minuten vorbacken.
5. Äpfel schälen, Kerngehäuse entfernen, in kleine Stücke schneiden und mit Zucker und Wasser unter Rühren halb weich dünsten. Mit Zimt abschmecken.
6. Die abgekühlten Äpfel auf dem vorgebackenen Boden verteilen, den Rest der Krümel darübergeben und noch einmal für etwa 30 Minuten backen.

28

Bienenstich in der Springform

(24-26 cm ∅)

Das braucht man:

100 g Magerquark
4 Eßlöffel Milch
4 Eßlöffel Öl
2 gut gehäufte Eßlöffel Zucker
1 Prise Salz
4 gestrichene Teelöffel Backpulver
200 g Mehl

Für den Belag:

75 g Butter
100 g Zucker
1 Päckchen Vanillin-Zucker
2 Eßlöffel Milch
100 g abgezogene, gehackte Mandeln

So macht man's:

1. Quark, Milch, Öl, Zucker und Salz in eine Rührschüssel geben und mit einem Holzlöffel verrühren.
2. Mehl und Backpulver mischen, gut die Hälfte mit der Quarkmasse verrühren.
3. Restliches Mehl auf die Tischplatte sieben und mit dem Quarkteig verkneten. Backofen auf 185 Grad vorheizen.
4. Die Springform ausfetten. Teig auf dem Boden der Form ausrollen.
5. Butter, Zucker und Vanillin-Zucker zerlassen, Milch und Mandeln unterrühren, etwas abkühlen lassen und dann gleichmäßig auf dem Teig verteilen.
6. Den Kuchen auf der 2. Schiene von unten in den Backofen schieben und etwa 20 Minuten backen.

Bienenstich schmeckt auch mit Füllung:
Dazu 1/2 Päckchen Torten-Creme-Pulver Vanille-Geschmack nach Anweisung auf dem Päckchen mit der Hälfte der angegebenen Zutaten zubereiten. Den ausgekühlten Bienenstich einmal mit einem Zwirnsfaden durchtrennen, mit der Creme füllen und wieder zusammensetzen.

Ananas-Obsttorte

Das braucht man:

7-10 Scheiben Ananas aus der Dose
7-10 rote Kirschen
1 fertig gekauften Obsttortenboden
1 Päckchen Sahnesteif
1 Päckchen klaren Tortenguß
2 Teelöffel Zucker
¼ l Ananassaft

Zum Verzieren:

¼ l Sahne
1 Päckchen Sahnesteif
1 Teelöffel Zucker

So macht man's:

1. Ananas und Kirschen auf ein Sieb zum Abtropfen geben (Saft auffangen). Tortenboden auf eine Platte legen und gleichmäßig mit Sahnesteif bestreuen.
2. Ananasscheiben gleichmäßig auf dem Boden verteilen und in die Mitte jeweils eine Kirsche setzen.
3. Tortenguß, Zucker und 2 Eßlöffel Ananassaft glattrühren, restlichen Saft hinzufügen und unter Rühren einmal aufkochen.
4. Tortenguß mit einem Eßlöffel gleichmäßig über das Obst verteilen und den Guß fest werden lassen.
5. Sahne kurz anschlagen, Sahnesteif und Zucker mischen, einstreuen und die Sahne steifschlagen.
6. In einen Spritzbeutel mit glatter Tülle füllen und auf jede Ananasscheibe ein Gesicht spritzen. Restliche Sahne in ein Schälchen füllen und getrennt dazu reichen.

34

Käsetorte mit Corn-flakes

Das braucht man:

Für den Boden:
150 g Corn-flakes
40 g Butter
1 Eßlöffel Zucker

Für den Belag:
500 g Frischkäse (z. B. Gervais oder Philadelphia)
100 g Zucker
2 Eßlöffel Zitronensaft
1/8 l saure Sahne
5 Eigelb
5 Eiweiß

So macht man's:

1. Eine Springform (24 cm ∅) ausfetten. Den Boden mit Pergamentpapier auslegen. Backofen auf 150 Grad vorheizen.
2. Corn-flakes zerkrümeln. In einer Schüssel mit der Butter und dem Zucker verreiben (mit den Fingern), bis die Zutaten gut miteinander verbunden sind.
3. ¾ der Masse mit einem Eßlöffel gleichmäßig auf dem Boden der Springform verteilen und gut andrücken.
4. Frischkäse glattrühren, Zucker, Zitronensaft, Sahne und Eigelb unterrühren. Eiweiß steifschlagen und unter die Masse heben.
5. Käsemasse auf den Boden füllen, glattstreichen und auf der zweiten Schiene von unten in den Backofen schieben. 60 Minuten backen.
6. Restliche Corn-flakes-Krümel über die Torte streuen und weitere 15 Minuten backen.

36

Vanille-Creme-Torte

Das braucht man:

1 Päckchen Torten-Creme-Pulver Vanille-Geschmack
½ l Milch
250 g Butter
3 dünne helle Biskuitböden fertig gekauft
4 Eßlöffel Erdbeerkonfitüre
einige Belegkirschen
100 g Schokoplättchen

So macht man's:

1. Aus Creme-Pulver und Milch nach Anweisung auf der Packung eine glatte Creme rühren.
2. Weiche Butter schaumig rühren und die Creme nach und nach eßlöffelweise unterrühren. Die fertige Buttercreme in 4 gleiche Portionen einteilen.
3. Biskuitböden voneinander lösen. Unteren Boden dünn mit Konfitüre und 1/4 der Buttercreme bestreichen.
4. Zweiten Boden darauflegen, ebenfalls mit Konfitüre und einem weiteren Viertel der Creme bestreichen. Mit drittem Boden bedecken.
5. Rand und obere Seite der Torte gleichmäßig mit Creme bestreichen. Den Rand mit Schokoplättchen bestreuen.
6. Restliche Creme in einen Spritzbeutel füllen, die Torte damit verzieren und nach Belieben mit Belegkirschen garnieren.

38

Knusper-Plätzchen

Das braucht man:

300 g Mehl
2 gestrichene Teelöffel Backpulver
4 gut gehäufte Eßlöffel Zucker
1Päckchen Vanillin-Zucker
1 Ei
1 Fläschen Rum-Aroma
4 Eßlöffel Milch
100 g Butter

Zum Bestreichen:
Dosenmilch

Zum Bestreuen:
gehackte Nüsse, Mandeln und Pistazien
Bunt- oder Hagelzucker

So macht man's:

1. *Mehl und Backpulver mischen und bergförmig auf die Tischplatte sieben.*
2. *In die Mitte eine Mulde drücken. Zucker, Vanillin-Zucker, Aroma und Milch hineingeben. Von der Mitte aus mit einer Gabel zu einem Brei verarbeiten.*
3. *Butterflöckchen daraufgeben, mit Mehl bedecken und alles mit den Händen schnell zu einem glatten Teig verkneten.*
4. *Den Teig zu einer Rolle formen und 2 Stunden in den Kühlschrank legen. Danach noch einmal durchkneten.*
5. *Kleine Teigstücke abschneiden und auf einer mit Mehl bestäubten Tischplatte dünn ausrollen. Mit beliebigen Formen ausstechen oder ausrädern, auf ein Backblech legen und mit Milch bestreichen.*
6. *Die Plätzchen mit Mandeln, Nüssen oder Pistazien bestreuen. In der Mitte des Backofens bei 185 Grad 8-10 Minuten backen.*
7. *Plätzchen mit Bunt- oder Hagelzucker verzieren.*

Butterbrötchen aus der Springform

Das braucht man:

1 Rolle Brötchen aus backfertigem Frischteig (10 Stück)
1 Eßlöffel Butter
1 Eßlöffel Zucker
¼ Teelöffel Zimt

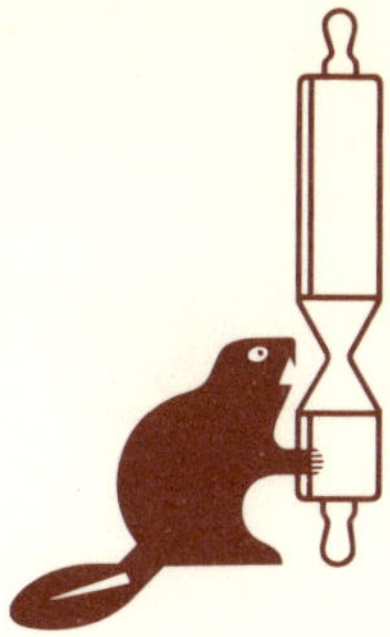

So macht man's:

1. *Die Teigrolle kräftig an der markierten Linie auf die Tischkante schlagen. Dabei öffnet sich die Rolle. Backofen auf 220 Grad vorheizen.*
2. *Eine Springform von 16 bis 18 cm ∅ mit Butter ausstreichen und die Brötchen kreisförmig dicht nebeneinander hineinlegen.*
3. *Jedes Brötchen tief kreuzförmig einschneiden und mit je drei Butterflöckchen belegen.*
4. *Zucker und Zimt in einem Schälchen mischen und gleichmäßig über die Brötchen streuen.*
5. *Auf der mittleren Schiene in den Backofen schieben und 10-15 Minuten backen.*
6. *Die fertigen Brötchen mit einem Messer aus der Form lösen. Auf einen Kuchenteller rutschen lassen. Warm schmecken sie am besten.*

42

Würstchen im Blätterteig

Rezept für 5 Würstchen

Das braucht man:

5 Scheiben backfertigen Blätterteig aus der Tiefkühltruhe
5 Wiener Würstchen
1 Eiweiß

Zum Bestreichen:

1 Eigelb

Zum Verzieren:

Petersilie
2 Tomaten

So macht man's:

1. Blätterteigscheiben auseinanderlegen und etwa 20 Minuten bei Zimmertemperatur auftauen lassen. Backofen auf 225 Grad vorheizen.
2. Jede Teigscheibe so groß ausrollen, daß ein Würstchen darin eingeschlagen werden kann.
3. Ränder mit Eiweiß bestreichen, je ein Würstchen in ein Teigstück packen und die Ränder gut aufeinanderdrücken.
4. Backblech mit kaltem Wasser abspülen, Würstchen darauflegen, mehrmals an der Oberfläche mit einem Hölzchen einstechen und 10 Minuten stehenlassen.
5. Würstchen mit verquirltem Eigelb bestreichen und auf der mittleren Schiene in den Backofen schieben. Etwa 20 Minuten backen.
6. Die fertigen Würstchen auf eine Platte legen und mit Petersiliensträußchen und Tomatenscheiben garnieren.

Begeisterung ist eine Zier,
doch manchmal führet sie wie hier
zu dem totalen Überfluß.
Räumt jetzt schön auf,
sonst gibt's Verdruß!

Der Biber kann sich bewegen!

Aus diesen Biber-Zeichnungen kann man sich ein Daumen-Kino basteln. Der kleine Biber bewegt sich also, wenn Ihr die einzelnen Blättchen über den Daumen der rechten Hand ablaufen laßt. So wie bei einem Film. Nehmt dazu einfach eine Papierschere, kräftigen Faden und eine Nähnadel (Mutti hilft doch sicher mit).

Schneidet jetzt die einzelnen Blättchen genau an den Linien entlang aus. Je genauer Ihr schneidet, desto besser funktionieren die Bewegungen des Bibers.
Nun seht Ihr, daß jedes Blättchen links eine Nummer und 2 kleine Kreuze enthält. Die Blättchen müßt Ihr nach den Nummern 1-30 hintereinander zusammenlegen.
Die Nummern müssen dabei immer links unten stehen. Die Kreuzchen sind dazu da, daß Ihr die Blättchen mit Nadel und Faden genau zusammennähen könnt. Sie müssen nämlich links zusammengehalten werden. Wie man das macht, zeigen Euch die Zeichnungen.
Vielleicht wollt Ihr aus den einzelnen Blättchen auch ein Kartenspiel, Lesezeichen oder Glückwunschkärtchen machen?

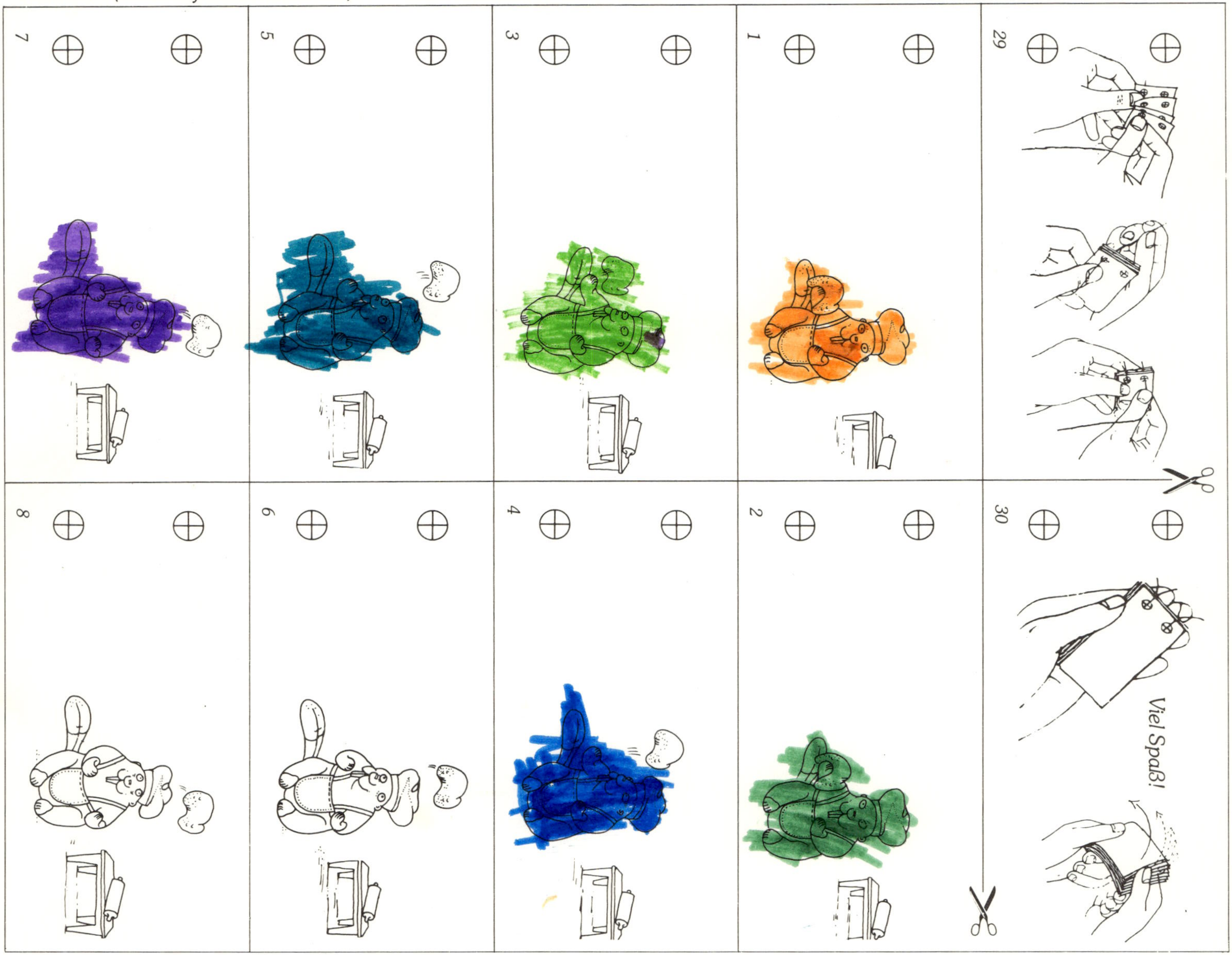

9

10

11

12

13

14

15

16

17

18

19

20

21

22

23

24

25

26

27

28